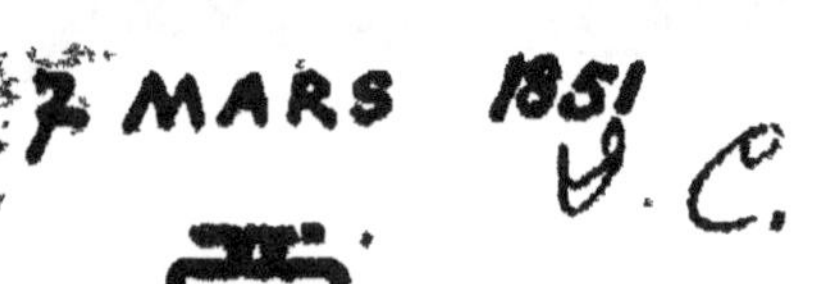

CATALOGUE

D'UNE

PRÉCIEUSE COLLECTION

D'OBJETS D'ART

DU MOYEN-AGE,

TELS QUE

Crosses abbatiales et épiscopales, Ostensoirs et Reliquaires des 12e, 13e, 14e, et 15e siècles, Émaux byzantins, Objets à usages des 12e, 13e, 14e, et 15e siècles, Meubles en bois richement sculptés, ornés de peintures et dorures, Vitraux du 15e siècle, et quantité d'Objets curieux,

Composant le Cabinet de Monsieur DUGUÉ,

DONT LA VENTE AURA LIEU

LE VENDREDI **7 MARS 1851**, HEURE DE MIDI,

HOTEL DES VENTES,

RUE DES JEUNEURS, N. 42,

Salle n° 2.

Par le ministère de M° **RIDEL**, Commissaire-Priseur,
333, rue Saint-Honoré,
Assisté de M. **ROUSSEL**, Expert, rue du Dragon, 33.
Chez lesquels se distribue le présent Catalogue
A LONDRES, chez M. WEBB, 8, Old Bond street.

EXPOSITION PUBLIQUE

Le Jeudi 6 Mars 1851, de midi à quatre heures.

PARIS

IMPRIMERIE ET LITHOGRAPHIE MAULDE ET RENOU
Rue Bailleul, 9 et 11, près du Louvre

1851

CATALOGUE

d'une

PRÉCIEUSE COLLECTION

D'OBJETS D'ART

DU MOYEN-AGE,

TELS QUE

Crosses abbatiales et épiscopales, Ostensoirs et Reliquaires des 12°, 13°, 14°, et 15° siècles, Émaux byzantins, Objets à usages des 12°, 13°, 14°, et 15° siècles, Meubles en bois richement sculptés, ornés de peintures et dorures, Vitraux du 15° siècle, et quantité d'Objets curieux,

Composant le Cabinet de Monsieur DUGUÉ,

DONT LA VENTE AURA LIEU

LE VENDREDI 7 MARS 1851, HEURE DE MIDI,

HOTEL DES VENTES,

RUE DES JEUNEURS, N. 42,

Salle n° 2,

Par le ministère de Me RIDEL, Commissaire-Priseur, 333, rue Saint-Honoré,

Assisté de M. ROUSSEL, Expert, rue du Dragon, 33,

Chez lesquels se distribue le présent Catalogue.

A LONDRES, chez M. WEBB, 8, Old Bond street.

EXPOSITION PUBLIQUE

Le Jeudi 6 Mars 1851, de midi à quatre heures.

PARIS

IMPRIMERIE ET LITHOGRAPHIE MAULDE ET RENOU

Rue Bailleul, 9 et 11, près du Louvre.

1851

CONDITIONS DE LA VENTE.

Elle sera faite au comptant.

Les acquéreurs paieront, en sus des adjudications, cinq pour cent, applicables aux frais de vente.

DES OBJETS.

1 — Très belle crosse abbatiale du xive siècle, en cuivre doré, enrichie d'émaux, à dessins de champlevés sur argent, des plus belles couleurs; le centre de la volute est occupé par un sujet à figurines de ronde bosse, représentant la Vierge assise, tenant l'Enfant-Jésus sur ses genoux, en adoration devant elle est un personnage coiffé de la mitre abbàtiale (sans doute l'abbé de Brandis, mentionné dans une inscription placée sur la partie inférieure de la douille). L'extrémité recourbée de la crosse est soutenue par une figure d'ange, et au-dessous, sur une petite console une figurine agenouillée, (probablement l'Aurifex) en prière; Le nœud est à six pans ornés de portiques à ogives sous lesquels sont placés des sujets tirés de l'Histoire Sainte, à dessins champlevés émaillés en belles couleurs translucides sur argent. Hauteur 51 centimètres.

Cette belle pièce provient de Bâle comme l'indique l'inscription du bas.

4

2 — Crosse épiscopale double du xiii° siècle en
cuivre doré, ornée de cabochons en pierres
diverses, dont le fût se divise en deux vo-
lutes recourbées en sens opposé, offrant
au centre en figurines de ronde-bosse,
saint Martial debout, mitré, vêtu de ses
habits épiscopaux, devant un autel : vis-à-
vis sainte Valérie décapitée, soutenue par
un ange, porte sa tête qu'elle semble pré-
senter au saint prélat. Le haut de la tige
se termine par un chapiteau qui supporte
une figurine représentant saint Michel terrassant le Diable; le nœud de la crosse est
en cristal de roche taillé à facettes et le
bas de la douille orné de deux dragons ou
animaux chimériques.

Ce monument précieux a été décrit et
figuré par M. Adrien de Longpérier dans
la *Revue Archéologique*, page 816.

3 — Belle crosse abbatiale du xv° siècle en cuivre
doré; la tige à six pans est bifurquée à
son extrémité supérieure et ornée de feuillages très délicatement ciselés; le nœud,
également à six pans, offre des figurines
de saints de ronde-bosse placés sous des
portiques à ogives très riches, alternés de
contreforts découpés à jours.

4 — Grand et bel ostensoir du xv° siècle en cuivre doré, remarquable par la richesse de

son architecture, dont la légèreté et l'élégance le placent au premier rang des objets de ce genre; douze figurines de saints exécutées de ronde-bosse, placées dans les contreforts et dans la flèche, enrichissent et complétent ce monument. Le pied à six pans offre sur le devant la figure de saint Jean-Baptiste, gravé au trait avec une grande perfection. Hauteur 83 centimétres.

5 — Chandelier du xii* siècle, en bronze, formé par un animal chimérique, surmonté d'une figurine d'homme, figuré et décrit par M. Artur Martin.

6 — Autre de la même époque formé d'un animal chimérique, figuré et décrit par le même savant.

7 — Chandelier du xv* siècle en bronze, à une tige portant deux lumières.

8 — Petit chandelier du xii* siècle en bronze, fondu sur une tige en fer, le pied se termine par trois têtes chimériques.

9 — Petit vase du xv* siècle, en argent en partie doré, à cinq pans et muni d'une anse; chaque face est ornée de gravures représentant des animaux et des fleurs.

10 — Deux coupes rondes du xv* siècle, formées de pièces en cristal de roche, taillées et réunies par une monture en argent repoussé et finement ciselé.

11 — Coffre de mariage du xiv⁰ siècle, de forme
rectangulaire avec couvercle en forme de
toît, dont la crête est ornée de cinq bou-
les ; toutes ses faces sont entièrement cou-
vertes d'appliques découpées à jour, en
étain doré, représentant des lions héral-
diques et des animaux chimériques.

12 — Autre coffre de mariage du xiv⁰ siècle, couvert d'appliques en cuivre repoussé et
doré, représentant des bustes de femmes
couronnés et des sphinx.

13 — Soufflet du xv⁰ siècle en bois sculpté peint
et doré ; le devant offre en sculpture de
haut-relief, la Fuite en Égypte, au-dessous
deux écussons armoiriés ; cette pièce rare,
et peut-être unique, mérite de fixer l'at-
tention des amateurs.

14 — Très belle plaque rectangulaire en émail bizantin, ornée de pierreries provenant d'un
évangéliaire du xiii⁰ siècle, représentant
le Christ en croix, saint Jean, sainte Ma-
rie-Madeleine et des anges ; ces figures
forment saillie sur le fond. Hauteur 31 centimètres, largeur 19 centimètres.

15 — Chandelier à pointe conique du xiii⁰ siècle
en émail bizantin, le pied est orné de quatre blasons sur fond bleu semé de fleurs de
lys.

16 — Autre chandelier de même forme et du même
temps émail bizantin, orné de blasons.

17 — Custode du xiiie siècle à couvercle conique, surmonté d'une croix en émail bizantin, décoré de figures d'anges.

18 — Autre custode à peu près semblable.

19 — Couronne en bronze doré du temps de saint Louis, ornée de six fleurs de lis.

20 — Flambeau à pointe du xve siècle en cuivre doré, il est supporté par trois lions.

21 — Belle châsse en cuivre doré du xve siècle en forme d'église et supportée par quatre lions ; toutes les faces sont décorées d'arabesques gravées, d'un très beau style, et les angles sont ornés de figurines de saints.

22 — Jolie petite aiguière du xve siècle, en argent en partie doré ; travail italien.

23 — Aiguière en cuivre du xve siècle, la panse est à godrons tordus, l'anse et le gouleau sont ornés de chimères.

24 — Chandelier gothique en cuivre, formé par un éléphant portant une tour surmontée du binet.

25 — Petit calice avec sa patène du xve siècle en cuivre doré.

26 — Étrille en fer étamé du xve siècle, formée de découpures à jour et ornée de chimères. Cet objet est rare.

27 — Fau en ivoire sculpté, du xie siècle, trouvé dans le tombeau de Morard, abbé de Saint-Germain-des-Prés, la virole est en bronze.

28 — Bouilloire en bronze du xiiie siècle, en forme
de lion.

29 — Galerie en cuivre doré, provenant de la crête
d'une châsse du xie siècle, elle est formée
d'entrelacs et d'animaux chimériques du
plus beau style et d'une exécution remarquable.

30 — Châsse en émail bizantin du xive siècle avec
sa galerie découpée à jour; elle est ornée
de figures d'anges et les deux côtés laté-
raux portent des écussons armoiriés.

31 — Chef en bronze doré, du xiiie siècle, de la
plus belle exécution, (le buste de saint
Goussaux, confesseur), le support porte
des inscriptions indiquant les noms des
saints dont les reliques étaient renfermées
dans ce reliquaire.

32 — Jolie petite châsse en émail bizantin du
xiiie siècle, le sujet représente le Juge-
ment de Salomon; elle est munie de sa
galerie à jour.

33 — Deux petites statuettes de saints en cuivre
rouge repoussé et doré; travail du
xive siècle.

34 — La Vierge assise portant l'Enfant-Jésus,
groupe en ivoire du xive siècle.

35 — Diptyque en ivoire du xive siècle offrant
deux sujets de la vie du Christ, exécutés
de haut-relief, placés sous des portiques à
ogives très riches d'ornements; ouvrage

du plus beau style et d'une parfaite exécution.

36 — Reliquaire en ivoire du xvᵉ siècle, le mé-
daillon où se trouvait déposée la relique est
supporté par deux anges exécutés en bas-
relief, sur fond semé de fleurs de lis.

37 — Coffre-fort gothique du xvᵉ siècle en fer découpé à jour, muni de sa serrure à mo-
raillon en fer ciselé.

38 — Autre coffre en fer étamé à couvercle cein-
tré, du xvᵉ siècle.

39 — Bouilloire en cuivre, du xiiiᵉ siècle, formée
par un lion, surmonté d'une figurine
d'homme qui en forme l'anse ; une figurine
de femme placée dans la gueule du lion
forme le goulot.

40 — Bassin en cuivre repoussé, du xvᵉ siècle,
représentant saint Georges terrassant le
dragon.

41 — Vase en faïence italienne, orné de portraits
et de blasons, avec le monogramme du
Christ.

42 — Bouilloire en cuivre du xivᵉ siècle, en forme
de cheval, l'anse formée par un chien.

43 — Deux hallebardes suisses, dont une a le fer
en forme de marteau d'armes.

44 — Trousse d'écuyer-tranchant, du xivᵉ siècle,
garnie de trois couteaux à manches d'i-
voire, avec incrustations et garnis en argent doré ; la virole du haut est ornée

d'une tête d'évêque; fourreau en cuir gauffré.

45 — Statuette de saint Louis en bois d'if, peinte et dorée; travail du temps.

46 — Ceinture composée de vingt-trois médaillons ronds et d'une boucle en émail bizantin, aux armes de la famille de Montmorency ; cet objet est de la plus grande rareté.

47 — Boîte à miroir du xiv° siècle, en ivoire, ornée d'un bas-relief, représentant sainte Cathe-rine; les écoinçons sont ornés de chimères et de feuillages.

48 — Petit vitrail rond, représentant en grisaille le portrait d'Anne de Bretagne; du cabinet de M. Langlois, du Pont-de-l'Arche.

49 — Un plat en faïence italienne et un fragment de vitrail.

50 — Maitre-grain de chapelet en ivoire du xv° siè-cle formé de quatre têtes allégoriques avec inscriptions latines.

51 — Heurtoir de porte en fer ciselé du xv° siècle, décoré d'ornements à jour et de figures d'un très beau travail.

52 — Heurtoir de porte en fer du xv° siècle; tête de chimère.

53 — Une bague en argent ciselé et doré, du xv° siècle, et une agraffe de manteau en argent niellé, du xiv° siècle.

54, — Cassolette de forme sphérique, en cuivre
doré, à dessins gothiques, découpés à jour,
du xv⁰ siècle.

55 — Deux pentures de porte de crédence, en fer
étamé, découpé à jour, avec figures en
relief, du xv⁰ siècle.

56 — Un clavendier en fer, garni de neuf clefs
gothiques, de formes variées, et un chandelier en fer.

57 — Petit gril ou porte-poêlon du xv⁰ siècle, en
fer, portant le monogramme du Christ,
découpé à jour.

58 — Aiguière de style oriental, en cuivre doré,
du xıv⁰ siècle.

59 — Marmite en métal, à anse mobile, avec inscription allemande.

60 — Bouilloire en cuivre, du xv⁰ siècle, à deux
goulots et une anse mobile, ornée de mas-
carons.

61 — Portrait peint sur bois, de Vranck van-Borsse-
len, Grav-Van-Oostervant, mort en 1470;
en costume du temps, avec ses armoiries
sur le côté du tableau.

62 — Deux portraits, le mari et la femme en cos-
tumes du temps de Louis XII, peints sur
bois.

63 — Jolie petite châsse en bois sculpté et doré, du
xv⁰ siècle, entièrement couverte d'orne-

ments très fins, découpés à jour, d'un très beau travail.

64 — Grande statuette en bois; sainte Catherine, beau travail allemand, du xv⁰ siècle.

65 — Pavois du xv⁰ siècle, en bois, couvert eu peau de porc.

66 — Belle épée à deux mains, du xv⁰ siècle, la garde et le pommeau en fer ciselé; elle est munie de son fourreau du temps, en cuir gauffré.

67 — Autre épée à deux mains, de la même époque.

68 — Deux masques en marbre blanc, provenant de tombeaux, du xııı⁰ siècle.

69 — Un clocheton à ogives, gothique en pierre, du xv⁰ siècle.

70 — Jolie stalle gothique, en bois sculpté, du xv⁰ siècle.

71 — Crédence allemande du xv⁰ siècle, avec ornements, délicatement sculptés et découpés à jour, sur fond bleu; les ferrures sont en fer étamé.

72 — Jolie crédence gothique du xv⁰ siècle, fermant à deux portes, avec tiroirs au-dessous; les panneaux sont à ogives, finement sculptés et ornés de médaillons à portraits.

73 — Quatre petits escabeaux en bois de chêne, style gothique du xv° siècle.

74 — Quatre panneaux gothiques, ornés de feuillagés avec galeries à jour, en bois de chêne.

75 — Grande porte à deux battants, ornée de sculptures gothiques, avec écussons aux armes de France et de Bretagne; les ferrures sont en fer étamé, et le chambranle surmonté d'un fronton ogival, est en bois sculpté et doré.

76 — Environ douze mètres de lambris gothiques, portant environ 2 mètres 40 centimètres de hauteur, ornés d'une galerie à jour et de clochetons.

77 — Grand bahut gothique, du xv° siècle; il est muni de sa serrure en fer, ornée d'un Christ avec écusson d'un dauphin de France.

78 — Joli lustre du xv° siècle, en fer, avec figures d'anges en bois, orné de peintures et de dorures; pièce rare.

79 — Grande cheminée du temps de Louis XII, en bois sculpté, peint et doré; sur le milieu de la frise inférieure est un blason supporté par deux anges; au dessus, est la figure de saint Michel terrassant le diable, surmontée d'un dé ogival, d'un travail très

délicat; les panneaux sont couverts de blasons peints et dorés.

Cette pièce est remarquable par la beauté
des détails et la richesse de son ensemble.

80 — Un plafond en bois peint et doré, composé
d'une poutre et de vingt-huit poutrelles,
dans le style de la cheminée.

81 — Deux croisées avec volets sculptés, vitrées à
petits lozanges et plomb, ornées d'armoiries en vitraux de couleurs; elles sont gar-
nies de leurs serrures étamées.

82 — Un beau fragment de statue en pierre, avec
siége sculpté; d'une grande finesse,
XIVᵉ siècle.

83 — Petit bassin en cuivre repoussé, du XVᵉ siècle;
l'Annonciation.

84 — Plaque de foyer en fonte de fer, ornée de
trois arceaux dans lesquels se trouvent les
armes de France.

85 — Deux beaux chenets gothiques en fer, ornés
de figures, portant des écussons aux armes
de France.

86 — Beau vitrail suisse, du XVᵉ siècle, peinture
grisaille, représentant un chevalier avec
armure, à la poulaine, portant un éten-
dard.

87 — Une grande pincette du XVᵉ siècle, en fer,
avec ornements ciselés et découpés à jour.

88 — Crémaillère de cheminée du XVᵉ siècle, en

fer, formée d'entrelacs et ornée de fleurs
de lis.

89 — Un petit tapis de foyer, du temps de
Louis XII, en laine, orné de fleurs de lys.

90 — Une armure de chevalier du temps de
Henri IV.

91 — Sous ce numéro seront vendus les objets
omis au catalogue.

1493   Imp. de MAULDE et RENOU, rue Bailleul, 9 et 11.

www.ingramcontent.com/pod-product-compliance
Lightning Source LLC
LaVergne TN
LVHW010226060726
842527LV00007B/2648